Inhalt

Betriebliches Eingliederungsmanagement - ein praktikables Instrument zum Erhalt der Beschäftigungsfähigkeit von Mitarbeitern?

Kernthesen

Beitrag

Fallbeispiele

Weiterführende Literatur

Impressum

GENIOS WirtschaftsWissen Nr. 02/2008 vom 13.02.2008

Betriebliches Eingliederungsmanagement - ein praktikables Instrument zum Erhalt der Beschäftigungsfähigkeit von Mitarbeitern?

I.Lukmann

Kernthesen

- Unternehmen sind gesetzlich dazu verpflichtet, sich im Rahmen des so genannten betrieblichen Eingliederungsmanagements um die

Weiterbeschäftigung von beispielsweise langzeitkranken Mitarbeitern im Unternehmen zu kümmern.
- Das Ziel des betrieblichen Eingliederungsmanagements ist es, der dauerhaften Arbeitsunfähigkeit von Mitarbeitern entgegenzuwirken.
- Arbeitgeber, Betriebsrat sowie weitere Interessenvertreter beteiligen sich im Zusammenhang mit dem betrieblichen Eingliederungsmanagement beispielsweise bei der Ausgestaltung von Arbeitsplätzen und Arbeitsinhalten.

Beitrag

Nach sechs Wochen ununterbrochener Krankheitsphase oder mehrmaliger Kurzerkrankungen eines Mitarbeiters, ist das Unternehmen gesetzlich dazu verpflichtet, sich aktiv um die Beschäftigungsfähigkeit ihres Mitarbeiters im Unternehmen zu kümmern. Dies wird im Rahmen eines betrieblichen Eingliederungsmanagements umgesetzt. Welche Inhalte dabei konkret umgesetzt werden müssen und ob Unternehmen durch eine leidensgerechte Umgestaltung von Arbeitsplätzen individuelle Problemstellungen von beispielsweise langzeitkranken Mitarbeitern lösen können, wird im folgenden Artikel beschrieben.

Seit der am 1.5.2004 umgesetzten Novelle des Sozialgesetzbuches (SGB) sind gemäß § 84 SGB IX Unternehmen dazu verpflichtet Arbeitnehmern im Rahmen des betrieblichen Eingliederungsmanagements (BEM) eine Wiedereingliederung in den Betrieb zu ermöglichen. Hierfür werden beispielsweise die Rahmenbedingungen des Arbeitsplatzes verändert oder dem Mitarbeiter neue Aufgaben übertragen, welche dazu geeignet sind, den Gesundheitszustand signifikant zu verbessern. (4), (6), (8)

Das Prinzip des Eingliederungsmanagements hat seinen Ursprung in einem in Kanada entwickelten Konzept namens Disability Management. Ziel des Ansatzes ist es, zusätzlich zu der Zielgruppe der behinderten Mitarbeiter auch die Mitarbeiter zu berücksichtigen, deren Arbeitsproduktivität sich aufgrund einer Krankheit oder eines Unfalls verringert hat. Für diese Gruppen werden anschließend Maßnahmen umgesetzt, welche unter Berücksichtigung der gesundheitlichen Einschränkungen der Arbeitnehmer, die Arbeitseinsatzfähigkeit maximieren können. (9)

Ausprägungen der Arbeitsunfähigkeit

Folgende Erscheinungsformen der Arbeitsunfähigkeit werden im Zusammenhang mit dem betrieblichen Eingliederungsmanagement unterschieden:

-Arbeitsunfähigkeit durch häufige und wiederholte Kurzerkrankungen liegt vor, wenn der Arbeitnehmer in einer kurzen Zeitspanne durch eine oder mehrere Krankheiten in kurzfristigen Zeiträumen seiner Arbeit nicht nachkommen kann.

-Bei Langzeiterkrankungen kann der Mitarbeiter seine Arbeitsleistung über einen längeren Zeitraum nicht mehr erfüllen.

-Krankheitsbedingte Minderung der Leistungsfähigkeit besteht dann, wenn der Arbeitnehmer zwar seine Arbeit grundsätzlich erbringen kann, diese jedoch in qualitativer oder quantitativer Hinsicht nicht erfüllen kann.

-Dauernde Leistungsunfähigkeit besteht dann, wenn der Mitarbeiter die Arbeitsleistung aufgrund seiner Krankheit oder Behinderung nicht mehr leisten kann. Dabei gelten Arbeitnehmer dann als behindert, wenn aufgrund einer Schädigung die körperlichen, geistigen oder seelischen Fähigkeiten in einem gewissen Umfang eingeschränkt sind. Die Behinderung besteht in der Einschränkung der beeinträchtigten bzw. erschwerten Teilhabe des betreffenden Menschen an der Gesellschaft. (2), (3)

Merkmale des betrieblichen Eingliederungsmanagements

Gesetzlich sind alle Unternehmen unabhängig von Größe und Branche dazu verpflichtet, für alle Mitarbeiter unabhängig ihrer Gruppenzuordnung zu Auszubildenden, Angestellten oder Leitenden Angestellten, im Bedarfsfall ein Eingliederungsmanagement umzusetzen. Des Weiteren gilt diese Verpflichtung bei längerer Arbeitsunfähigkeit unabhängig davon, wo und wodurch diese Beeinträchtigung entstanden ist. Das heißt, dass sowohl ein Arbeitsunfall als auch ein Freizeitunfall das Unternehmen dazu verpflichtet, ein Eingliederungsmanagement durchzuführen.

Analyse des Arbeitsplatzes

Die Einrichtung eines leidensgerechten Arbeitsplatzes für den Mitarbeiter hängt von möglichen

Arbeitsplatzumgestaltungen in dem Betrieb ab. Daran knüpfen sich gegebenenfalls organisatorische Änderungen, die auf das Unternehmen zusätzlich einwirken können.

Unterstützung von Leistungsträgern

Arbeitgeber können im Rahmen des betrieblichen Eingliederungsmanagements finanzielle und beratende Unterstützung sozialversicherungsrechtlicher Leistungsträger nutzen. Dabei können verschiedene Ämter zuständig sein. Eine Arbeitsplatzumgestaltung wird für Schwerbehinderte von Integrationsämtern übernommen. Bei einem Arbeitsunfall oder vorliegender Arbeitsunfähigkeit kann das Unternehmen Gelder bei den jeweiligen Berufsgenossenschaften erhalten. Letztlich kann auch die so genannte berufliche Rehabilitation zuständig sein, wenn es sich bei der Erkrankung des betreffenden Mitarbeiters beispielsweise um eine erstmalige Erkrankung handelt. Dies ist von der Länge der Rentenversicherungszeit des Mitarbeiters abhängig. Träger, die in diesen Fällen finanzielle Unterstützung leisten sind bei unter 15 Jahren Rentenversicherungszeit die Agentur für Arbeit und bei mehr als 15 Jahren die Deutsche

Rentenversicherung.

Gutachten von Leistungsträgern

Unternehmen, die Gelder von Leistungsträgern beantragen werden in der Regel von diesen Trägern im Rahmen einer Betriebsbesichtigung beraten und erhalten in diesem Zusammenhang auch ein so genanntes Gutachten zur Arbeitsplatzgestaltung. Unternehmen können vorab eine detaillierte Arbeitsplatzbeschreibung vorbereiten, sodass die Träger einen genauen Einblick in die Tätigkeiten des betreffenden Mitarbeiters haben. Bei einer Betriebsbesichtigung ist es sinnvoll, den Arbeitnehmer, die Schwerbehindertenvertretung sowie den Betriebsrat mit einzubeziehen. (6)

Durchführung des betrieblichen Eingliederungsmanagements

Bei der Durchführung des betrieblichen Eingliederungsmanagement sollte der betroffene Arbeitnehmer dessen Zustimmung vorausgesetzt und gegebenenfalls ein vorhandener Betriebsrat in allen Schritten grundsätzlich mit einbezogen werden. Anschließend sollte der Arbeitgeber das Gespräch mit dem Arbeitnehmer suchen um sowohl die Ziele als auch mögliche Alternativen und deren Umsetzung zu besprechen. Wichtig ist auch eine genaue Befragung der gesundheitlichen Einschränkungen sowie deren Ursache um Alternativen besser einschätzen zu können. Dies ist natürlich davon abhängig, ob der Mitarbeiter einer dauerhafte Erkrankung bzw. Schwerbehinderung hat oder ob gegebenenfalls betriebliche Ursachen wie zum Beispiel Immissionen oder schlechte Arbeitsmaschinen die Ursache der Arbeitsunfähigkeit sind. Die betrieblichen Eingliederungsmaßnahmen werden dann als erfolgreich betrachtet, wenn Abhilfe für den betroffenen Mitarbeiter geschaffen werden konnte. (5), (6), (8)

Fallbeispiele

Das Berufsförderungswerk Sachsen-Anhalt hat eine international anerkannte Zertifizierung für ihr Konzept des betrieblichen Eingliederungsmanagements vom Hauptverband der gewerblichen Berufsgenossenschaften (HVBG) erhalten. Das Berufsförderungswerk ist damit das dritte Unternehmen in Deutschland, das eine solche

Zertifizierung erhalten hat. Disability Manager sowie eine zwischen Geschäftsführung, Betriebsrat und Schwerbehindertenvertretung getroffene Betriebsvereinbarung als Basis helfen bei einer erfolgreichen und qualitativ hochwertigen Umsetzung des betrieblichen Eingliederungsmanagements. Die gesetzten Ziele, nämlich Fachkräfte zu halten, Fehlzeiten signifikant zu verringern sowie Arbeitslosigkeit zu dezimieren sind auf diese Weise konsequent erfüllt worden. Das Berufsförderungswerk berät in seiner Funktion als soziales Unternehmen auch andere Betriebe und Institutionen bei der Einführung sowie Gestaltung eines betrieblichen Eingliederungsmanagements. (7)

Weiterführende Literatur

(1) Kein Handicap für Leistung
aus ProFirma, Vol. 11, Heft 02/2008, S. 62-64

(2) Ebert, Dr. Oliver, Krankheitsbedingte Kündigungen - Checkliste, ArbRB - Der Arbeits-Rechts-Berater, Heft 12/2007, S. 363
aus ProFirma, Vol. 11, Heft 02/2008, S. 62-64

(3) Krankheitsbedingt kündigen
aus Hamburger Abendblatt, 17.11.2007, Nr. 269, S. 64

(4) Die Kranken zurückholen
aus Allgemeine Hotel- und Gastronomie-Zeitung Nr.

36 vom 08.09.2007 Seite 023

(5) Recht verständlich
aus Verkehrs Rundschau, Heft 32/2007, S. 59

(6) Der leidensgerechte Arbeitsplatz
aus PERSONALmagazin, Heft 09/2007, S. 94

(7) Individuelle Hilfe nach längerer Krankheit / Betriebliches Eingliederungsmanagement erstmals zertifiziert
aus Mitteldeutsche Zeitung vom 09.02.2007

(8) Moderegger, Christian, Betriebliches Eingliederungsmanagement, Handlungsleitfaden, ArbRB - Der Arbeits-Rechts-Berater, Heft 11/2005, S. 347
aus Mitteldeutsche Zeitung vom 09.02.2007

(9) Betriebliche Gesundheitsförderung: Lohnende Investition in Mitarbeiter
aus Deutsches Ärzteblatt 15/103 vom 14.04.06 Seite 989

Impressum

Betriebliches Eingliederungsmanagement - ein praktikables Instrument zum Erhalt der Beschäftigungsfähigkeit von Mitarbeitern?

Bibliografische Information der deutschen Nationalbibliothek

Die Deutsche Nationalbibliothek verzeichnet diese Publikation in der deutschen Nationalbibliografie; detaillierte bibliografische Daten sind im Internet über http://dnb.d-nb.de abrufbar.

ISBN: 978-3-7379-0206-9

© 2015 GBI-Genios Deutsche Wirtschaftsdatenbank GmbH, Freischützstraße 96, 81927 München, www.genios.de

Alle Rechte vorbehalten. Dieses Werk ist einschließlich aller seiner Teile – z.B. Texte, Tabellen und Grafiken - urheberrechtlich geschützt. Jede

Verwertung außerhalb der Grenzen des Urheberrechtsgesetzes bedarf der vorherigen Zustimmung des Verlags. Dies gilt insbesondere auch für auszugsweise Nachdrucke, fotomechanische Vervielfältigungen (Fotokopie/Mikroskopie), Übersetzungen, Auswertungen durch Datenbanken oder ähnliche Einrichtungen und die Einspeicherung und Verarbeitung in elektronischen Systemen.